Amelia Earhart
Pionera en aviación

Grace Hansen

Abdo
BIOGRAFÍAS: PERSONAS
QUE HAN HECHO HISTORIA
Kids

abdopublishing.com

Published by Abdo Kids, a division of ABDO, PO Box 398166, Minneapolis, Minnesota 55439.

Copyright © 2017 by Abdo Consulting Group, Inc. International copyrights reserved in all countries. No part of this book may be reproduced in any form without written permission from the publisher.

Printed in the United States of America, North Mankato, Minnesota.

102016

012017

 THIS BOOK CONTAINS RECYCLED MATERIALS

Spanish Translator: Maria Puchol

Photo Credits: Ames Historical Society, AP Images, Corbis, Getty Images, iStock, Shutterstock, © User:Hellerick / CC-SA-3.0 p.19

Production Contributors: Teddy Borth, Jennie Forsberg, Grace Hansen

Design Contributors: Laura Mitchell, Dorothy Toth

Publisher's Cataloging-in-Publication Data

Names: Hansen, Grace, author.

Title: Amelia Earhart: pionera en aviación / by Grace Hansen.

Other titles: Pionera en aviación

Other titles: Amelia Earhart: aviation pioneer. Spanish

Description: Minneapolis, MN : Abdo Kids, 2017. | Series: Biografías: personas que han hecho historia | Includes bibliographical references and index.

Identifiers: LCCN 2016947836 | ISBN 9781624026782 (lib. bdg.) | ISBN 9781624029028 (ebook)

Subjects: LCSH: Earhart, Amelia, 1897-1937--Juvenile literature. | Women air pilots--United States--Biography--Juvenile literature. | Spanish language materials--Juvenile literature.

Classification: DDC 629.13/092 [B]--dc23

LC record available at http://lccn.loc.gov/2016947836

Contenido

Primeros años de vida

Amelia Mary Earhart nació el
24 de julio de 1897 en
Atchinson, Kansas.

Kansas

En 1920 Frank Hawks, un famoso aviador, llevó a Amelia en su primer vuelo. ¡A ella le encantó!

Por las nubes

Su interés por los aviones
creció. Amelia tomó clases de
aviación. Incluso compró un
avión. Lo llamó *The Canary*.
Era de color amarillo brillante.

8

En 1928 invitaron a Amelia a hacer un viaje en avión. El avión cruzó el Océano Atlántico. Fue la primera mujer en hacer algo así.

11

Este vuelo hizo que Amelia se hiciera famosa. Pero sólo iba de pasajera. Quería pilotar ese vuelo ella misma. ¡Logró hacerlo el 20 de mayo de 1932!

Después de eso Amelia sobrevoló el Océano Pacífico. Ya estaba lista para un **desafío** mayor. ¡Quería volar alrededor del mundo! El vuelo empezaría en California.

15

Amelia y el **piloto** Fred Noonan
partieron desde Miami, Florida el
1 de junio de 1937. Amelia había
recorrido alrededor de 22,000
millas (35,400km) del viaje. Le
quedaban alrededor de 7,000
millas (11,300km) para terminar.

17

Desaparecida

El 2 de julio la Guardia Costera de Estados Unidos los esperaba cerca de una pequeña isla en el Pacífico. Debían parar a reponer combustible allí. Pero el avión nunca llegó. Nunca encontraron a Amelia ni a su avión.

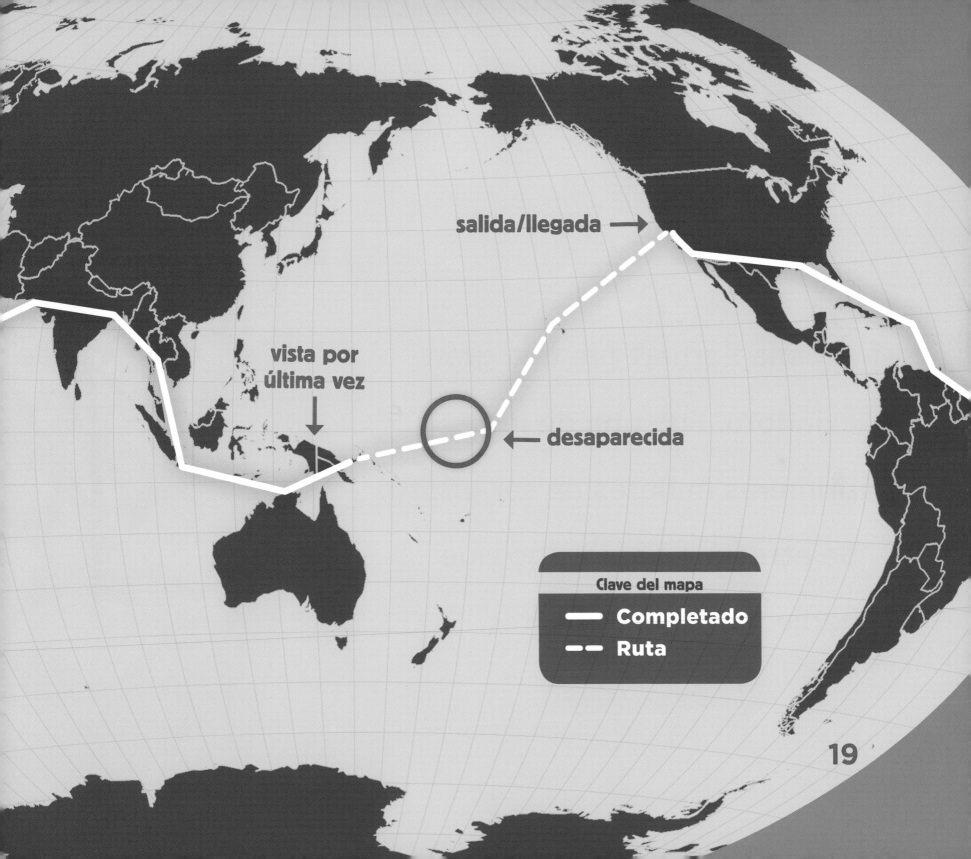

salida/llegada →

vista por
última vez

← desaparecida

Clave del mapa

Completado
Ruta

19

Su legado

Amelia Earhart fue una gran aviadora. Fue una de las primeras mujeres en ser **piloto**. Se atrevió a hacer algo que nadie había hecho antes.

Línea cronológica

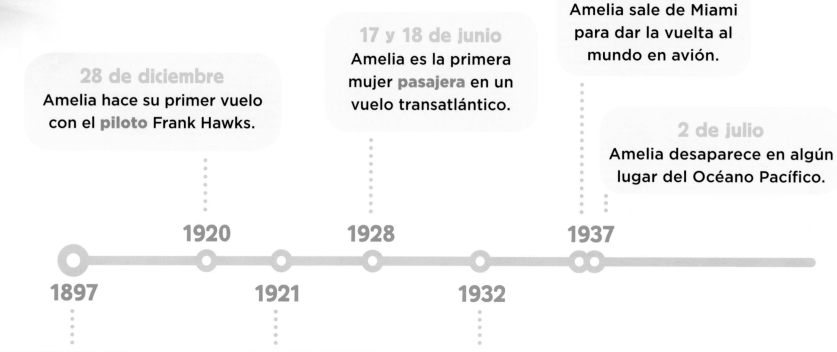

1 de junio
Amelia sale de Miami para dar la vuelta al mundo en avión.

17 y 18 de junio
Amelia es la primera mujer **pasajera** en un vuelo transatlántico.

28 de diciembre
Amelia hace su primer vuelo con el **piloto** Frank Hawks.

2 de julio
Amelia desaparece en algún lugar del Océano Pacífico.

1920

1928

1937

1897

1921

1932

24 de julio
Amelia Mary Earhart nace en Atchinson, Kansas.

3 de enero
Amelia toma su primera lección de vuelo. Ahorra dinero para un avión, *The Canary*.

20 y 21 de mayo
Amelia sobrevuela sola el Atlántico. Es la primera mujer en hacer algo así.

Glosario

desafío – algo que es difícil de hacer.

pasajero – persona que viaja en un vehículo.

piloto – persona cualificada para dirigir un avión.

Índice

abdokids.com

¡Usa este código para entrar en abdokids.com y tener acceso a juegos, arte, videos y mucho más!

Código Abdo Kids:
HAK1217